AF206339

Impressum
Verlag: BABADADA GmbH, Nedderfeld 112 , 22529 Hamburg
Geschäftsführer / Verlagsleitung: Harald Hof
Druck: Books on Demand GmbH, In de Tarpen 42, 22848 Norderstedt

Imprint
Publisher: BABADADA GmbH, Nedderfeld 112 , 22529 Hamburg, Germany
Managing Director / Publishing direction: Harald Hof
Print: Books on Demand GmbH, In de Tarpen 42, 22848 Norderstedt

Šola

l'école

Razred
la salle de classe

Deljenje
diviser

186/2

Šolsko dvorišče
la cour (de récréation)

Tabla
le tableau noir

Učitelj
le professeur

Papir
le papier

Pisati
écrire

Pisalo
le stylo

Pisalna miza
le bureau

Ravnilo
la règle

Knjiga
le livre

Učenec
l'élève

Šolska torba

le cartable

Peresnica

la trousse

Svinčnik

le crayon

Šilček

le taille-crayon

Radirka

la gomme

Risalni blok

le carnet à dessin

Risba

le dessin

Čopič

le pinceau

Vodene barvice

la boîte de peinture

Škarje

les ciseaux

Lepilo

la colle

Zvezek

le cahier d'exercices

Domača naloga

les devoirs

Število

le chiffre

Seštevanje

additionner

Odštevanje

soustraire

Množenje

multiplier

Računanje

calculer

Črka

la lettre

Abeceda

l'alphabet

Beseda

le mot

Besedilo

le texte

Brati

lire

Kreda

la craie

Učna ura

la leçon

Redovalnica

le livre de classe

Preizkus znanja

l'examen

Spričevalo

le certificat

Šolska uniforma

l'uniforme scolaire

Izobrazba

la formation

Enciklopedija

le lexique

Univerza

l'université

Mikroskop

le microscope

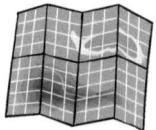

Zemljevid

la carte

Koš za smeti

la corbeille à papier

Potovanje
le voyage

Hotel
l'hôtel
Grand
Hostel
l'auberge
ROOMS
Menjalnica
le bureau de change
CHANGE
Kovček
la valise
Avtomobil
la voiture

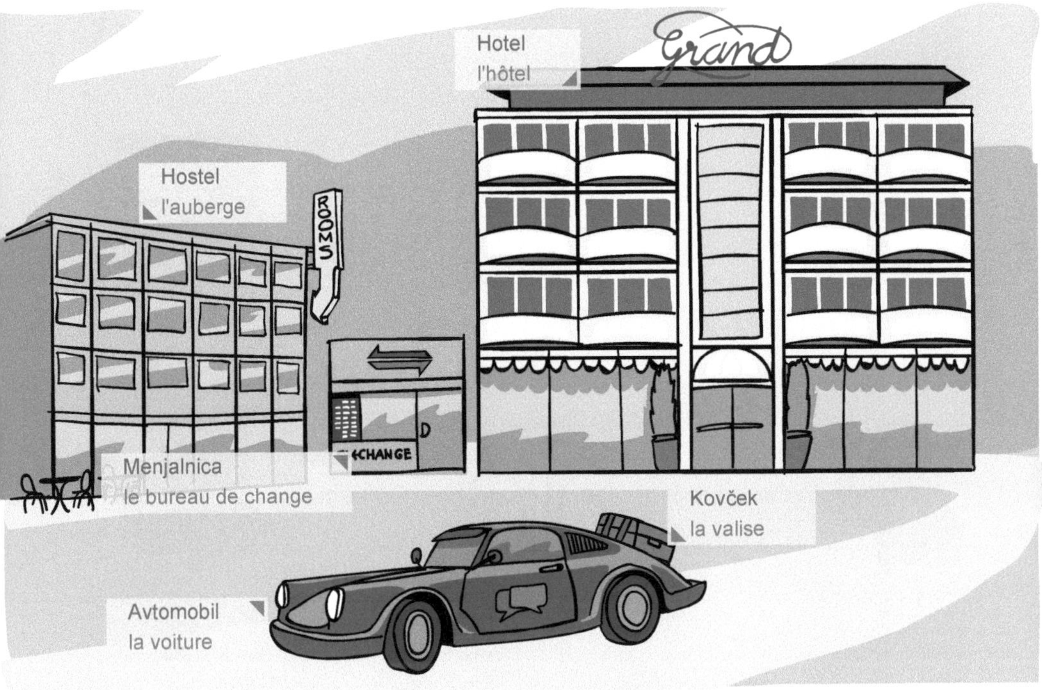

Jezik

la langue

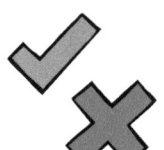

da / ne

oui / non

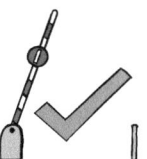

Prav

d'accord

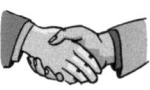

Pozdravljeni

Salut

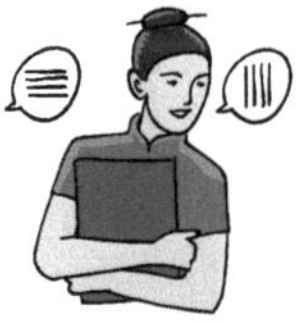

Prevajalec

l'interprète

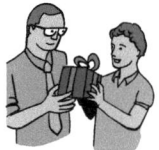

Hvala

merci

Koliko stane...?

Combien coûte...?

Ne razumem

Je ne comprends pas

Težava

le problème

Dober večer!

Bonsoir !

Dobro jutro!

Bonjour !

Lahko noč!

Bonne nuit !

Nasvidenje

Au revoir

Smer

la direction

Prtljaga

les bagages

Torba

le sac

Nahrbtnik

le sac-à-dos

Gost

l'hôte

Soba

la pièce

Spalna vreča

le sac de couchage

Šotor

la tente

Turistične informacije

l'office de tourisme

Plaža

la plage

Kreditna kartica

la carte de crédit

Zajtrk

le petit-déjeuner

Kosilo

le déjeuner

Večerja

le dîner

Vozovnica

le billet

Dvigalo

l'ascenseur

Znamka

le timbre

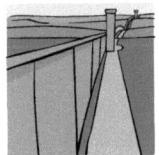

Meja

la frontière

Carina

la douane

Veleposlaništvo

l'ambassade

Vizum

le visa

Potni list

le passeport

Prevoz
le transport

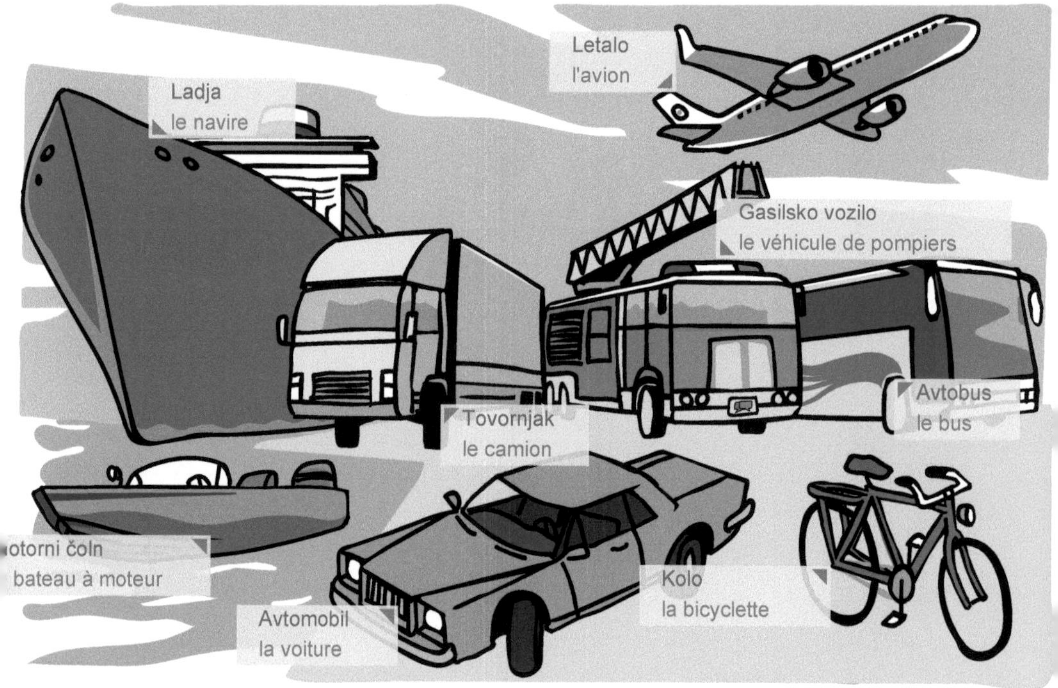

Letalo
l'avion
Ladja
le navire
Gasilsko vozilo
le véhicule de pompiers
Avtobus
le bus
Tovornjak
le camion
otorni čoln
bateau à moteur
Kolo
la bicyclette
Avtomobil
la voiture

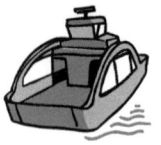

Trajekt

le ferry

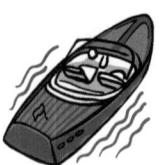

Čoln

la barque

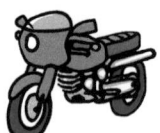

Motorno kolo

la moto

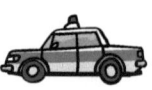

Policijski avto

la voiture de police

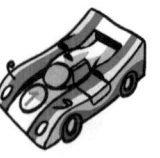

Dirkalni avto

la voiture de course

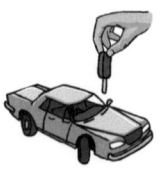

Najeto vozilo

la voiture de location

Souporaba avtomobila

l'auto-partage

Avtovleka

la voiture de remorquage

Smetarsko vozilo

la benne à ordures

Motor

le moteur

Gorivo

l'essence

Bencinska postaja

la station d'essence

Prometni znak

le panneau indicateur

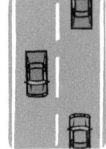

Promet

le trafic

Zastoj

l'embouteillage

Parkirišče

le parking

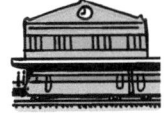

Železniška postaja

la gare

Tirnice

les rails

Vlak

le train

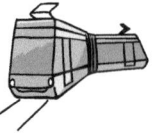

Tramvaj

le tramway

Vagon

le wagon

Helikopter

l'hélicoptère

Letališče

l'aéroport

Stolp

la tour

Potnik

le passager

Kontejner

le conteneur

Karton

le carton

Voziček

le chariot

Košara

la corbeille

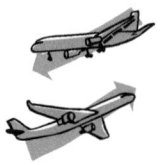

vzleteti / pristati

décoller / atterrir

Mesto
la ville

Vas

le village

Mestno jedro

le centre-ville

Hiša

la maison

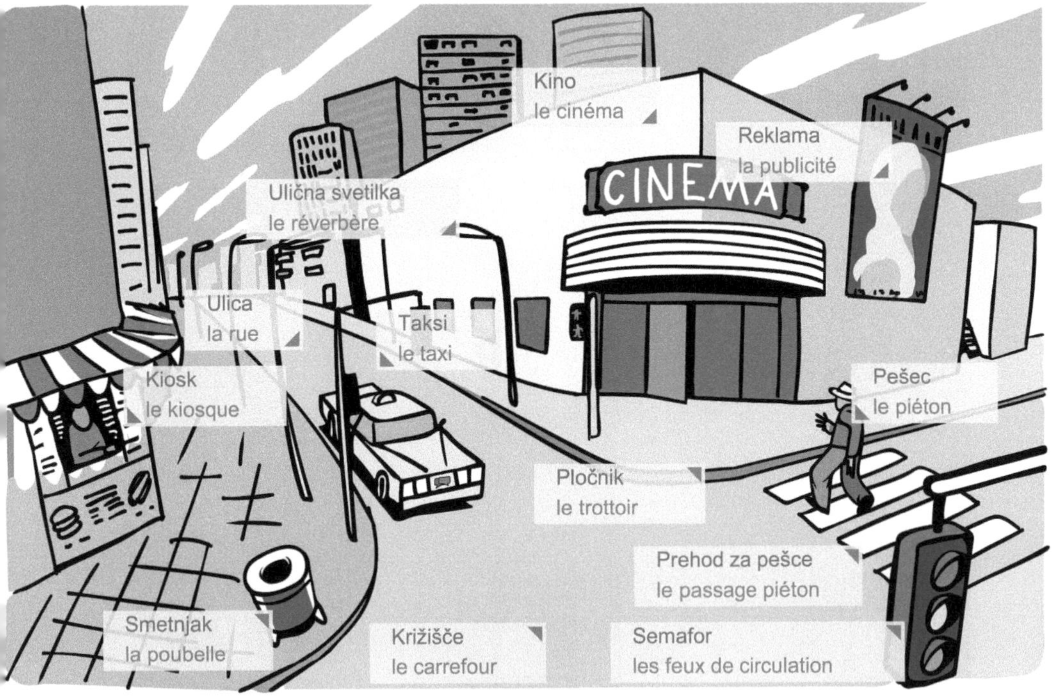

Kino
le cinéma
CINEMA
Reklama
la publicité
Ulična svetilka
le réverbère
Ulica
la rue
Taksi
le taxi
Kiosk
le kiosque
Pešec
le piéton
Pločnik
le trottoir
Prehod za pešce
le passage piéton
Smetnjak
la poubelle
Križišče
le carrefour
Semafor
les feux de circulation

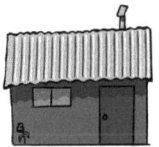

Koča

la cabane

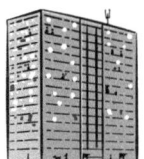

Stanovanje

l'appartement

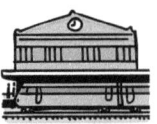

Železniška postaja

la gare

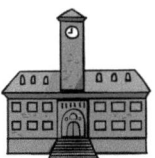

Mestna hiša

la mairie

MUSEUM

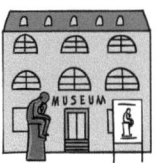

Muzej

le musée

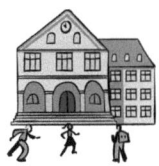

Šola

l'école

Univerza

l'université

Banka

la banque

Bolnišnica

l'hôpital

Hotel

l'hôtel

Lekarna

la pharmacie

Pisarna

le bureau

Knjigarna

la librairie

Trgovina

le magasin

Cvetličarna

le fleuriste

Supermarket

le supermarché

Tržnica

le marché

Veleblagovnica

le grand magasin

Ribarnica

la poissonnerie

Nakupovalno središče

le centre commercial

Pristanišče

le port

Park

le parc

Klop

la banque

Most

le pont

Stopnice

les escaliers

Podzemna železnica

le métro

Predor

le tunnel

Avtobusno postajališče

l'arrêt de bus

Bar

le bar

Restavracija

le restaurant

Poštni nabiralnik

la boîte à lettres

Ulična tabla

le panneau indicateur

Parkirna ura

le parcmètre

Živalski vrt

le zoo

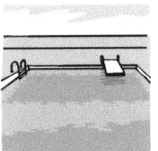

Kopališče

le réverbère

Mošeja

la mosquée

Kmetija
la ferme

Onesnaževanje
la pollution

Pokopališče
la cimetière

Cerkev
l'église

Otroško igrišče
l'aire de jeux

Tempelj
le temple

Pokrajina
le paysage

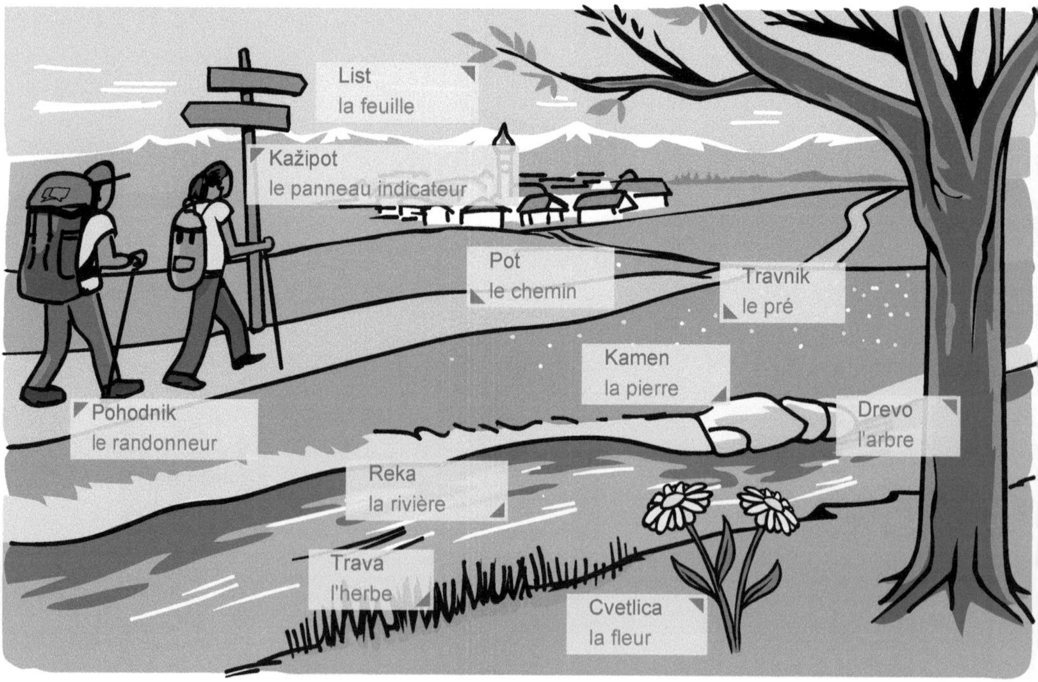

List
la feuille

Kažipot
le panneau indicateur

Pot
le chemin

Travnik
le pré

Kamen
la pierre

Drevo
l'arbre

Pohodnik
le randonneur

Reka
la rivière

Trava
l'herbe

Cvetlica
la fleur

Dolina

la vallée

Hrib

la montagne

Jezero

le lac

Gozd

la forêt

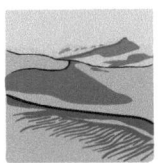

Puščava

le désert

Vulkan

le volcan

Grad

le château

Mavrica

l'arc-en-ciel

Goba

le champignon

Palma

le palmier

Komar

le moustique

Muha

la mouche

Mravlja

les fourmis

Čebela

l'abeille

Pajek

l'araignée

Hrošč

le coléoptère

Žaba

la grenouille

Veverica

l'écureuil

Jež

le hérisson

Zajec

le lièvre

Sova

la chouette

Ptič

l'oiseau

Labod

le cygne

Divji prašič

le sanglier

Jelen

le cerf

Los

l'élan

Jez

le barrage

Vetrnica

l'éolienne

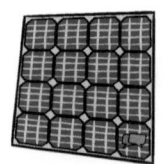

Solarna plošča

le panneau solaire

Podnebje

le climat

Restavracija
le restaurant

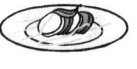

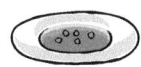

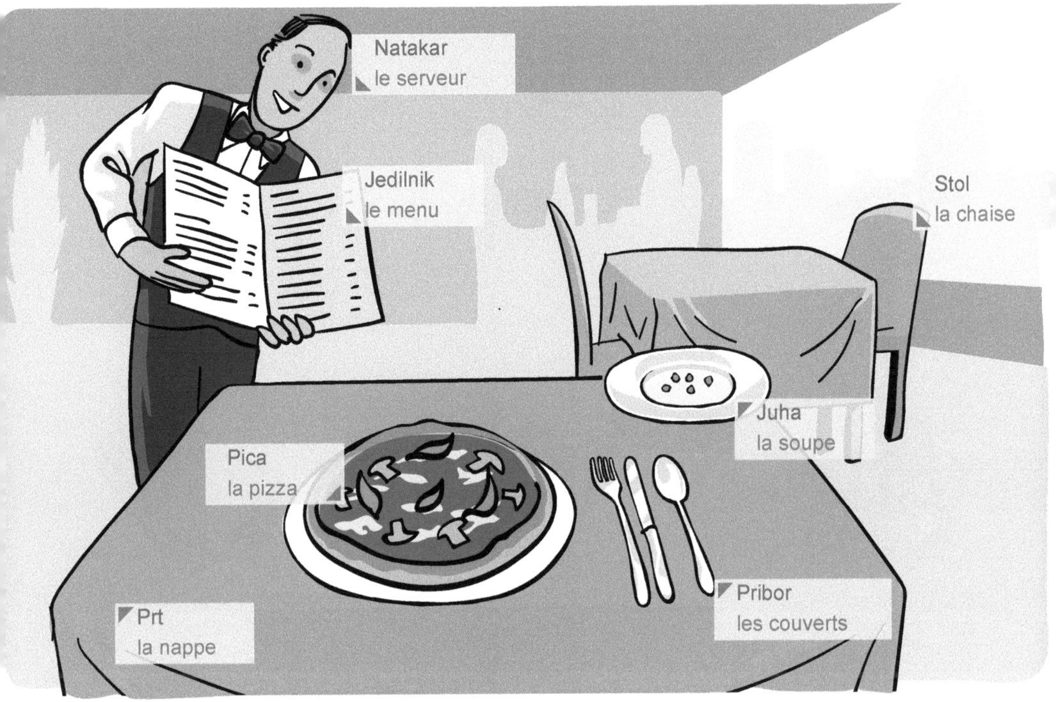
Natakar
le serveur
Jedilnik
le menu
Stol
la chaise
Juha
la soupe
Pica
la pizza
Pribor
les couverts
Prt
la nappe

Predjed
....
les hors d'œuvre

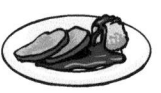

Glavna jed
....
le plat principal

Sladica
....
le dessert

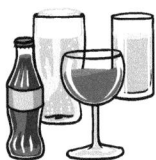

Pijače
....
les boissons

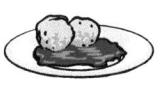

Hrana
....
l'alimentation

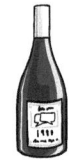

Steklenica
....
la bouteille

Hitra hrana

le fast-food

Ulična hrana

les plats à emporter

Čajnik

la théière

Sladkornica

le sucrier

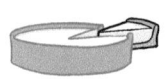

Porcija

la portion

Aparat za espresso

la machine à expresso

Stolček za hranjenje

la chaise haute

Račun

la facture

Pladenj

le plateau

Nož

le couteau

Vilica

la fourchette

Žlica

la cuillère

Čajna žlička

la cuillère à thé

Servieta

la serviette

Kozarec

le verre

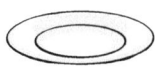

Krožnik

l'assiette

Globoki krožnik

l'assiette à soupe

Krožniček

la soucoupe

Omaka

la sauce

Solnica

la salière

Mlinček za poper

le moulin à poivre

Kis

le vinaigre

Olje

l'huile

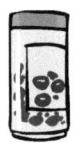

Začimbe

les épices

Kečap

le ketchup

Gorčica

la moutarde

Majoneza

la mayonnaise

Supermarket
le supermarché

Posebna ponudba
l'offre promotionnelle
FOR
Stranka
le client
Mlečni izdelki
les produits laitiers
Sadje
les fruits
Nakupovalni voziček
le chariot

BUTCHERS

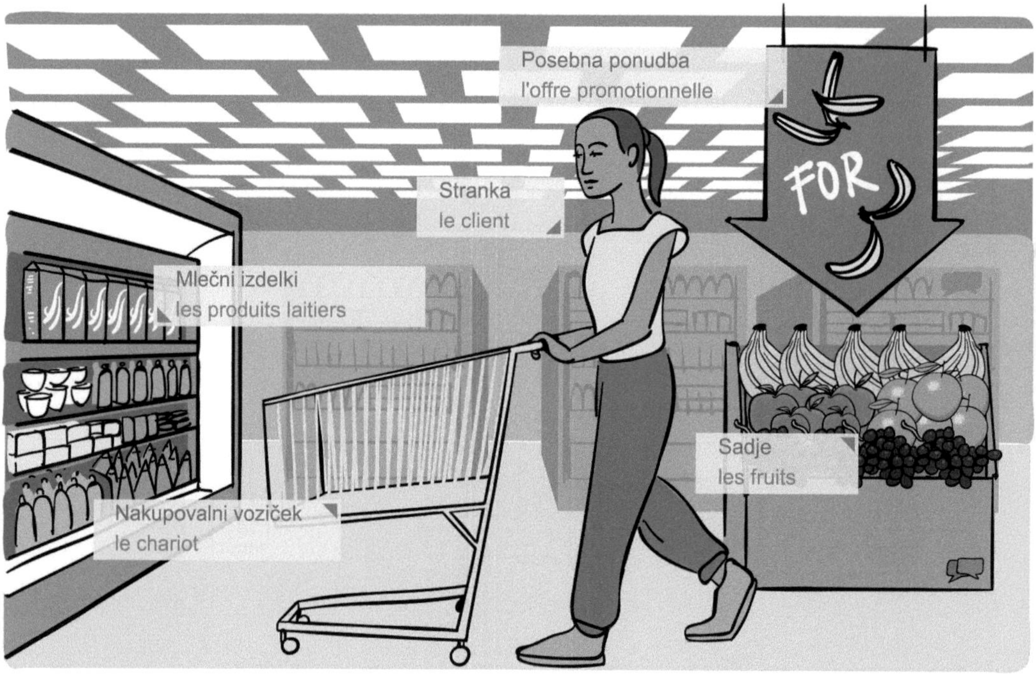

Mesnica

la boucherie

BAKERY

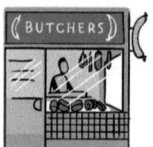

Pekarna

la boulangerie

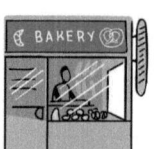

Tehtati

peser

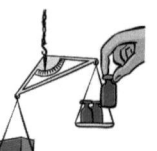

Zelenjava

les légumes

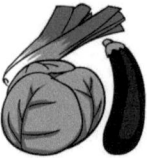

Meso

la viande

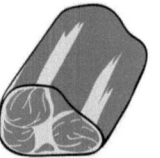

Zamrznjena hrana

les aliments surgelés

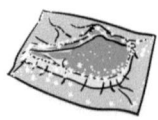

Hladne mesnine

la charcuterie

Konzerve

les conserves

Pralni prašek

la poudre à lessive

Sladkarije

les bonbons

Gospodinjski izdelki

les articles ménagers

Čistilno sredstvo

les détergents

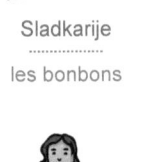

Prodajalka

la vendeuse

Blagajna

la caisse

Blagajnik

le caissier

Nakupovalni seznam

la liste d'achats

Delovni čas

les heures d'ouverture

Denarnica

le portefeuille

Kreditna kartica

la carte de crédit

Torba

le sac

Plastična vrečka

le sac en plastique

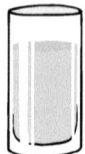

Voda

l'eau

Sok

le jus de fruit

Mleko

le lait

Kola

le coca

Vino

le vin

Pivo

la bière

Alkohol

l'alcool

Kakav

le chocolat chaud

Čaj

le thé

Kava

le café

Espresso

l'expresso

Kapučino

le cappuccino

Banana

la banane

Jabolko

la pomme

Pomaranča

l'orange

Lubenica

le melon

Limona

le citron.

Korenje

la carotte

Česen

l'ail

Bambus

le bambou

Čebula

l'oignon

Goba

le champignon

Oreščki

les noisettes

Rezanci

les pâtes

Špageti

les spaghetti

Riž

le riz

Solata

la salade

Ocvrt krompirček

les pommes frites

Pečen krompir

les pommes de terre rôties

Pica

la pizza

Hamburger

le hamburger

Sendvič

le sandwich

Zrezek

l'escalope

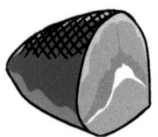

Šunka

le jambon

Salama

le salami

Klobasa

la saucisse

Piščanec

le poulet

Pečenka

le rôti

Riba

le poisson

Ovseni kosmiči

les flocons d'avoine

Musli

le muesli

Koruzni kosmiči

les cornflakes

Moka

la farine

Rogljiček

le croissant

Žemlja

les petits-pains

Kruh

le pain

Prepečenec

le pain grillé

Piškoti

les biscuits

Maslo

le beurre

Skuta

le fromage blanc

Torta

le gâteau

Jajce

l'œuf

Pečeno jajce na oko

l'œuf au plat

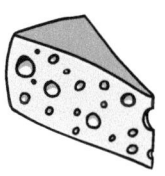

Sir

le fromage

Sladoled

la glace

Sladkor

le sucre

Med

le miel

Marmelada

la confiture

Čokoladni namaz

la crème nougat

Kari

le curry

Kmetija
la ferme

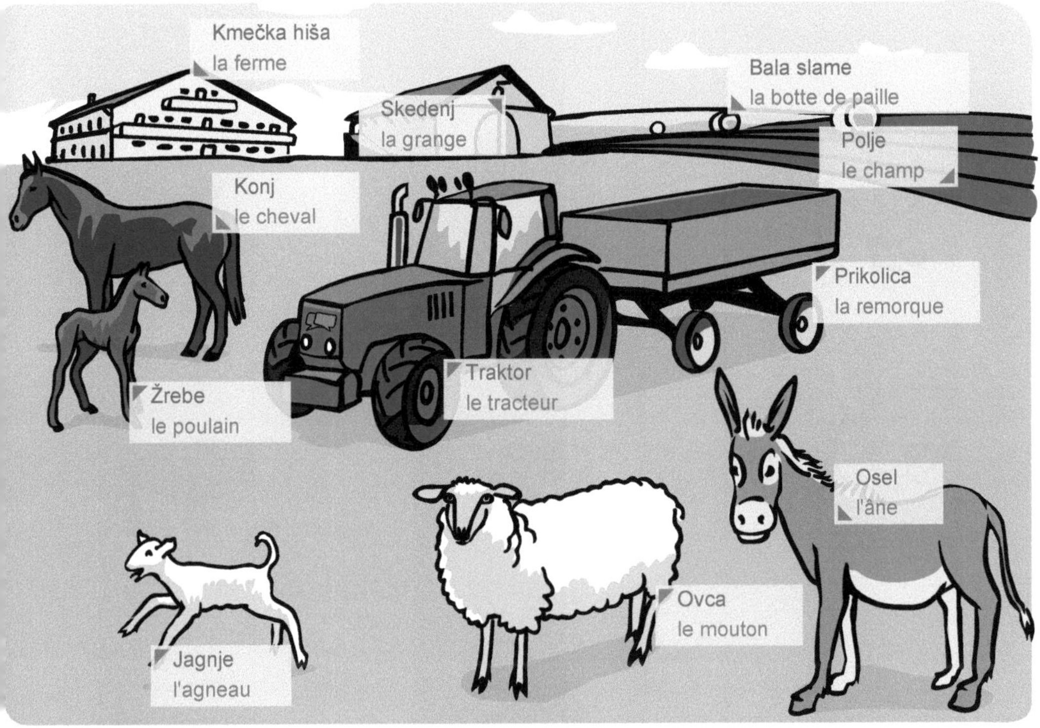

Kmečka hiša
la ferme
Skedenj
la grange
Bala slame
la botte de paille
Polje
le champ
Konj
le cheval
Prikolica
la remorque
Traktor
le tracteur
Žrebe
le poulain
Osel
l'âne
Ovca
le mouton
Jagnje
l'agneau

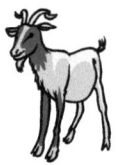

Koza

la chèvre

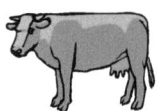

Krava

la vache

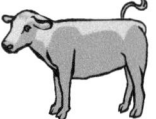

Tele

le veau

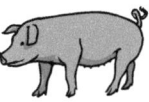

Prašič

le porc

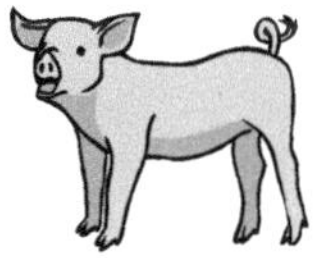

Pujsek

le porcelet

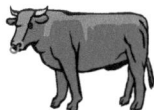

Bik

le taureau

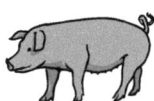

Gos

l'oie

Raca

le canard

Piščanec

le poussin

Kokoš

la poule

Petelin

le coq

Podgana

le rat

Mačka

le chat

Miš

la souris

Vol

le bœuf

Pes

le chien

Pasja uta

le chenil

Cev za zalivanje

le tuyau de jardin

Kangla za zalivanje

l'arrosoir

Kosa

la faucheuse

Plug

la charrue

Srp
la faucille

Motika
la pioche

Vile
la fourche

Sekira
la hache

Samokolnica
la brouette

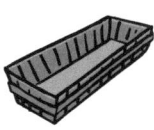

Korito
la cuve

Kangla za mleko
le pot à lait

Vreča
le sac

Ograja
la clôture

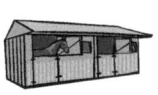

Hlev
l'étable

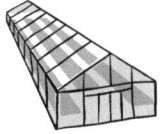

Rastlinjak
le serre

Prst
le sol

Seme
les semences

Gnojilo
l'engrais

Kombajn
la moissonneuse-batteuse

Žeti
....
récolter

Žetev
....
la récolte

Jam
....
l'igname

Pšenica
....
le blé

Soja
....
le soja

Krompir
....
la pomme de terre

Koruza
....
le maïs

Oljna ogrščica
....
le colza

Sadno drevo
....
l'arbre fruitier

Maniok
....
le manioc

Žito
....
les céréales

Hiša
la maison

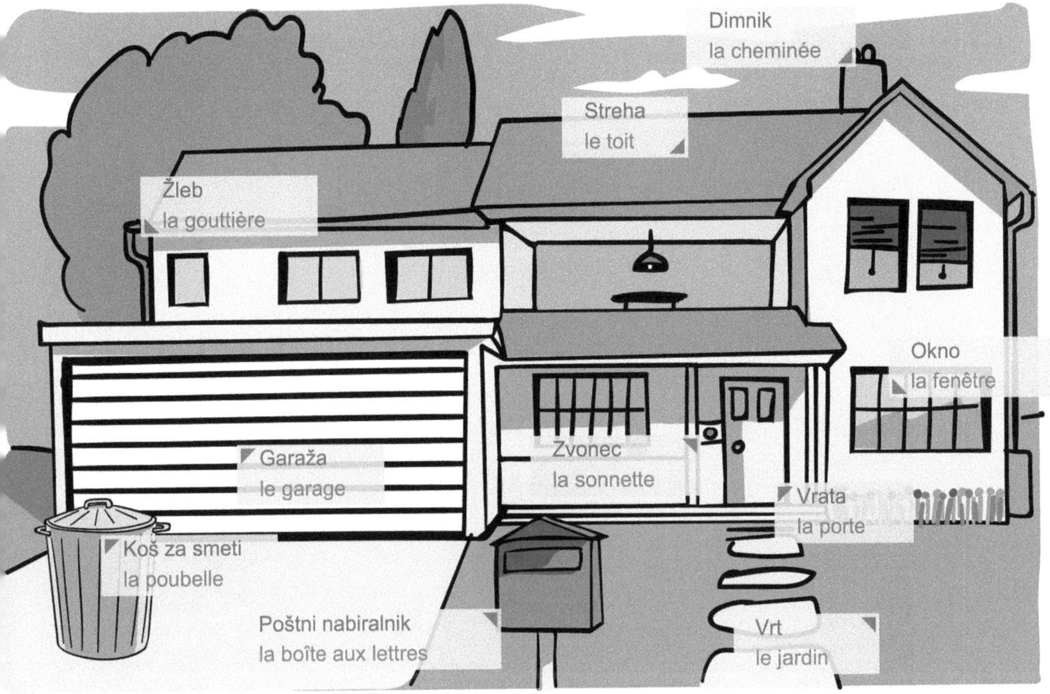
Dimnik
la cheminée
Streha
le toit
Žleb
la gouttière
Okno
la fenêtre
Garaža
le garage
Zvonec
la sonnette
Vrata
la porte
Koš za smeti
la poubelle
Poštni nabiralnik
la boîte aux lettres
Vrt
le jardin

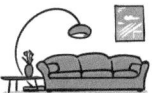

Dnevna soba

le salon

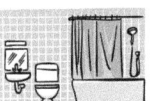

Kopalnica

la salle de bain

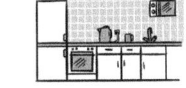

Kuhinja

la cuisine

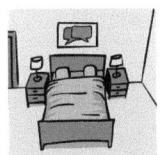

Spalnica

la chambre à coucher

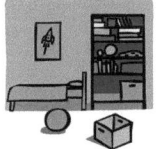

Otroška soba

la chambre d'enfant

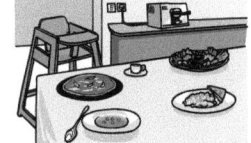

Jedilnica

la salle à manger

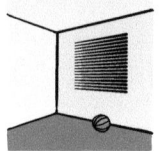

Tla

le sol

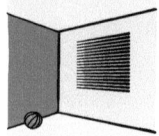

Stena

le mur

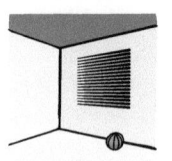

Strop

le plafond

Klet

la cave

Savna

le sauna

Balkon

le balcon

Terasa

la terrasse

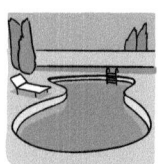

Bazen

la piscine

Kosilnica

la tondeuse à gazon

Rjuha

la housse

Posteljno pregrinjalo

la couette

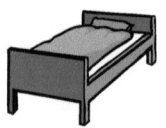

Postelja

le lit

Metla

le balai

Vedro

le sceau

Stikalo

l'interrupteur

Dnevna soba
le salon

Tapeta
le papier peint
Slika
l'image
Svetilka
la lampe
Polica
l'étagère
Omara
l'armoire
Televizor
la télé
Kamin
la cheminée
Cvetlica
la fleur
Blazina
le coussin
Zofa
le sofa
Vaza
le vase
Daljinski upravljalnik
la télécommande

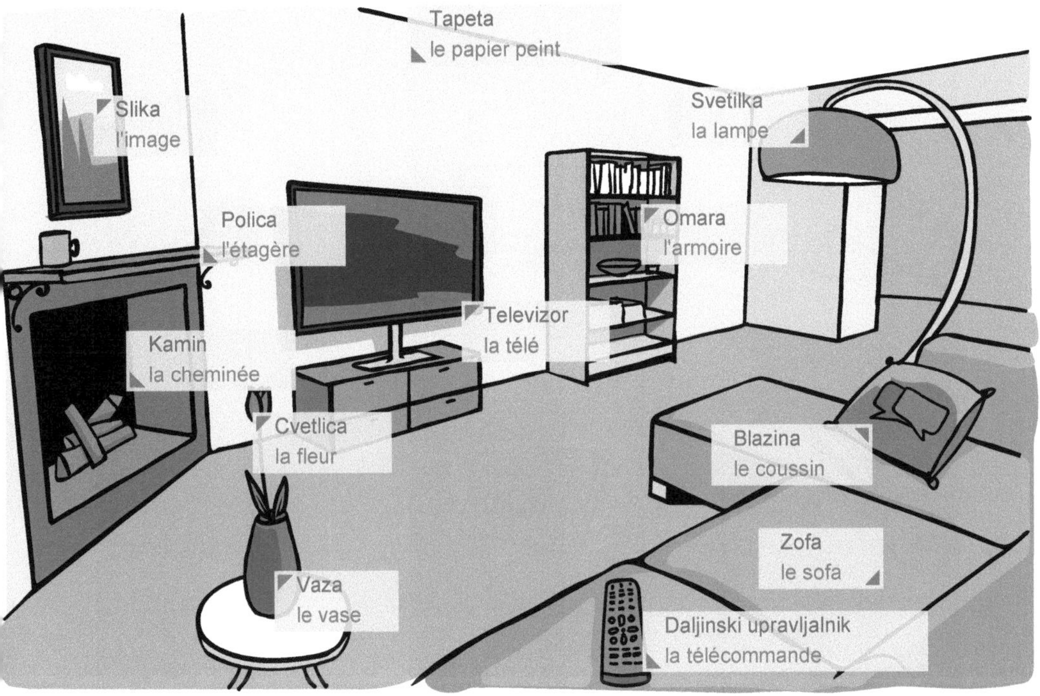

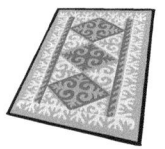

Preproga
le tapis

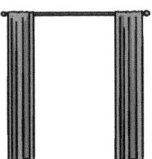

Zavesa
le rideau

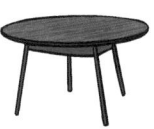

Miza
la table

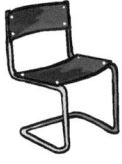

Stol
la chaise

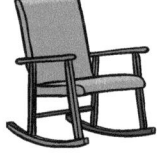

Gugalnik
la chaise à bascule

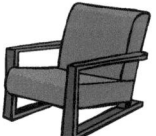

Naslanjač
le fauteuil

Knjiga

le livre

Odeja

la couverture

Dekoracija

la décoration

Drva

le bois de chauffage

Film

le film

Glasbeni stolp

la chaîne hi-fi

Ključ

la clé

Časopis

le journal

Slika

la peinture

Plakat

le poster

Radio

la radio

Beležka

le bloc-notes

Sesalnik

l'aspirateur

Kaktus

le cactus

Sveča

la bougie

Kuhinja
la cuisine

Hladilnik
le réfrigérateur
Mikrovalovna pečica
le four à micro-ondes
Kuhinjska tehtnica
la balance de cuisine
Opekač
le grille-pain
Detergent
le détergent
Pečica
le four
Zamrzovalnik
le compartiment congélateur
Koš za smeti
la poubelle
Pomivalni stroj
le lave-vaisselle

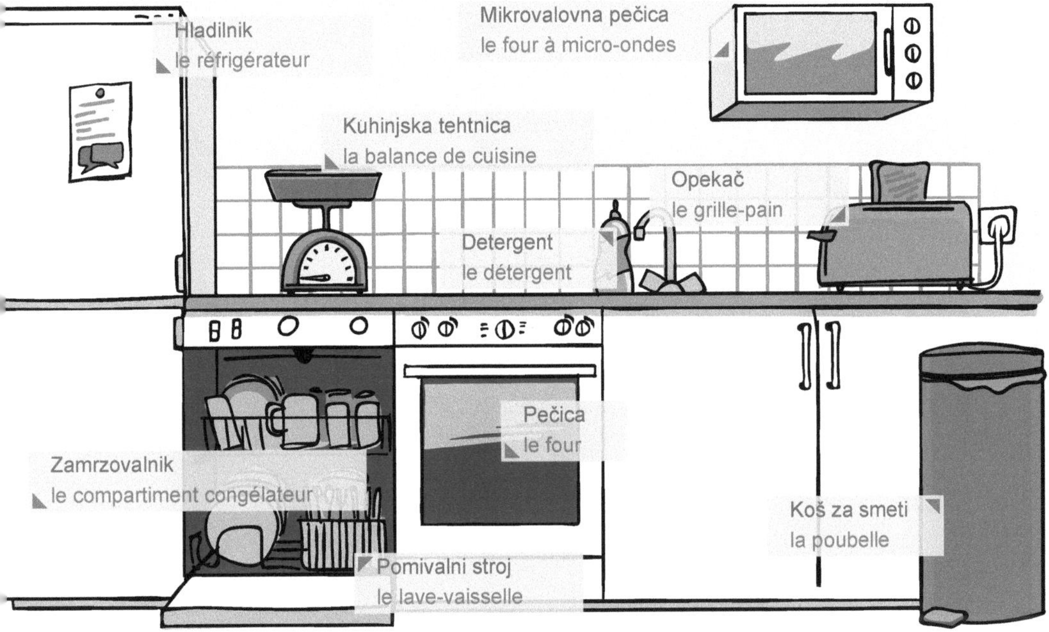

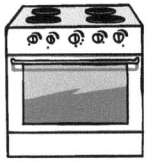

Kozica

le four

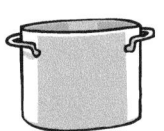

Lonec

la casserole

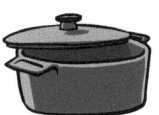

Litoželezni lonec

la marmite

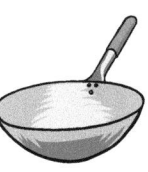

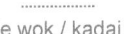

Vok / kadai

le wok / kadai

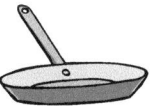

Ponev

la poêle

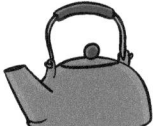

Kotliček

la bouilloire electrique

Parni kuhalnik

le cuiseur vapeur

Pekač

la plaque de cuisson

Posoda

la vaisselle

Skodelica

le gobelet

Skleda

la coupe

Jedilne paličice

les baguettes

Zajemalka

la louche

Lopatica

la spatule

Metlica

le fouet

Cedilnik

la passoire

Cedilo

le tamis

Strgalo

la râpe

Možnar

le mortier

Žar

le barbecue

Ognjišče

la cheminée

Deska za rezanje

la planche à découper

Valjar

le rouleau à pâtisserie

Odpirač za steklenice

le tire-bouchon

Pločevinka

la boîte

Odpirač za konzerve

l'ouvre-boîte

Prijemalka za posodo

les maniques

Korito

le lavabo

Ščetka

la brosse

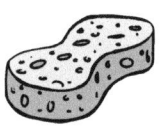

Goba

l'éponge

Mešalnik

le mixeur

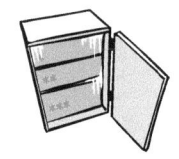

Zamrzovalna skrinja

le congélateur

Steklenička

le biberon

Pipa

le robinet

Kopalnica
la salle de bain

Prha
la douche
Ogrevanje
le chauffage
Brisača
la serviette
Zavesa za prho
le rideau de douche
Peneča kopel
le bain moussant
Kopalna kad
la baignoire
Kozarec
le verre
Pralni stroj
la machine à laver
Pipa
le robinet
Ploščice
le carrelage
Kahlica
le pot
Korito
le lavabo

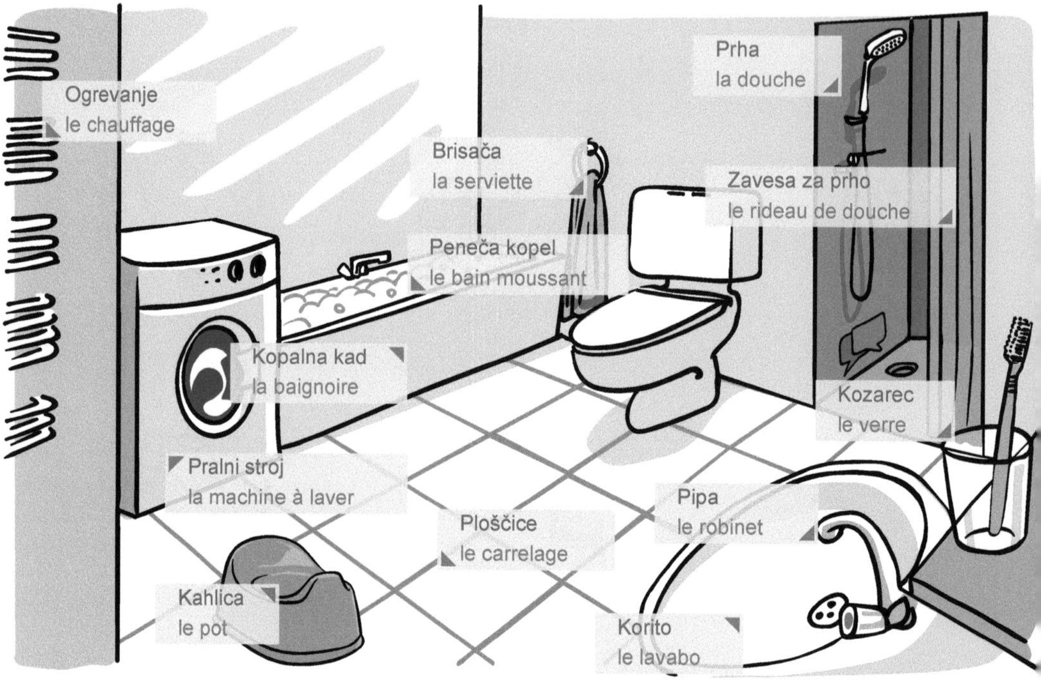

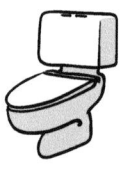

Stranišče
....
les toilettes

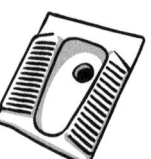

Stranišče na počep
....
la toilette à la turque

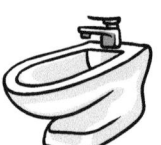

Bide
....
le bidet

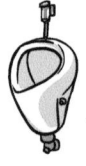

Pisoar
....
l'urinoir

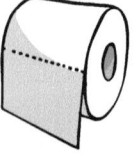

Toaletni papir
....
le papier toilette

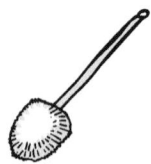

Ščetka za straniščno školjko
....
la brosse à toilette

Zobna ščetka

la brosse à dents

Zobna pasta

le dentifrice

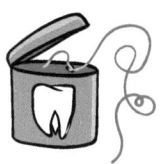

Zobna nitka

le fil dentaire

Umiti se

laver

Ročna prha

la douche manuelle

Prha za intimne dele

la douche intime

Umivalnik

la vasque

Krtača za hrbet

la brosse dorsale

Milo

le savon

Gel za prhanje

le gel douche

Šampon

le shampooing

Krpica za miljenje

le gant de toilette

Odtok

l'écoulement

Krema

la crème

Deodorant

le déodorant

Ogledalo

le miroir

Ročno ogledalo

le miroir cosmétique

Britvica

le rasoir

Pena za britje

la mousse à raser

Vodica po britju

l'après-rasage

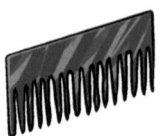

Glavnik

la peigne

Ščetka

la brosse

Sušilnik za lase

le sèche-cheveux

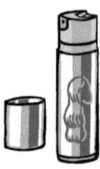

Lak za lase

la laque pour cheveux

Ličila

le fond de teint

Šminka

le rouge à lèvres

Lak za nohte

le vernis à ongles

Vatirane blazinice

l'ouate

Škarjice za nohte

le coupe-ongles

Parfum

le parfum

Toaletna torbica

la trousse de toilette

Stol brez naslonjala

le tabouret

Osebna tehtnica

le pèse-personne

Kopalni plašč

le peignoir

Gumijaste rokavice

les gants de nettoyage

Tampon

le tampon

Damski vložki

les serviettes hygiéniques

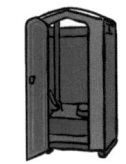

Kemično stranišče

la toilette chimique

Otroška soba

la chambre d'enfant

Budilka
le réveil
Plišasta igrača
le doudou
Avtomobilček
la voiture jouet
Ropotuljica
le hochet
Hiška za punčke
la maison de poupée
Darilo
le cadeau

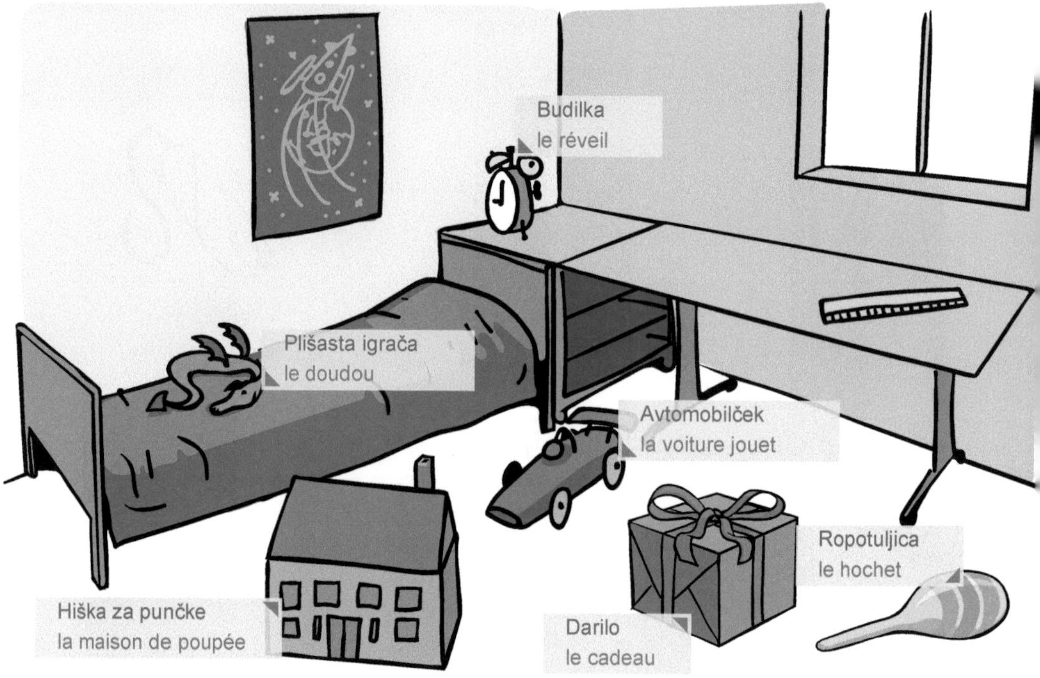

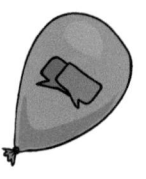

Balon

le ballon

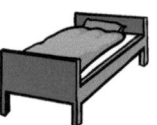

Postelja

le lit

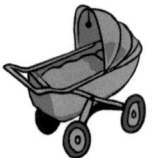

Otroški voziček

la poussette

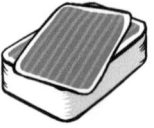

Igralne karte

le jeu de cartes

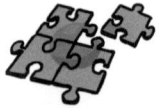

Sestavljanka

le puzzle

SUPER
MEGA

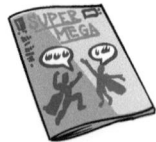

Strip

la bande dessinée

Lego kocke

les pièces lego

Igralne kocke

les blocs de construction

Akcijska figura

la figurine

Bodi

la grenouillère

Frizbi

le frisbee

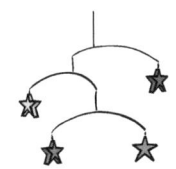

Vrtiljak za posteljico

le mobile

Namizna igra

le jeu de société

Kocka

le dé

Komplet modelov vlakov

le train miniature

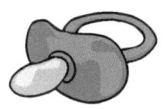

Duda

la sucette

Zabava

la fête

Slikanica

le livre d'images

Žoga

la balle

Lutka

la poupée

Igrati se

jouer

Peskovnik

le bac à sable

Gugalnica

la balançoire

Igrače

les jouets

Igralna konzola

la console de jeu

Tricikel

le tricycle

Plišasti medvedek

l'ours en peluche

Garderoba

l'armoire

Oblačilo

les vêtements

Nogavice

les chaussettes

Samostoječe nogavice

les bas

Hlačne nogavice

le collant

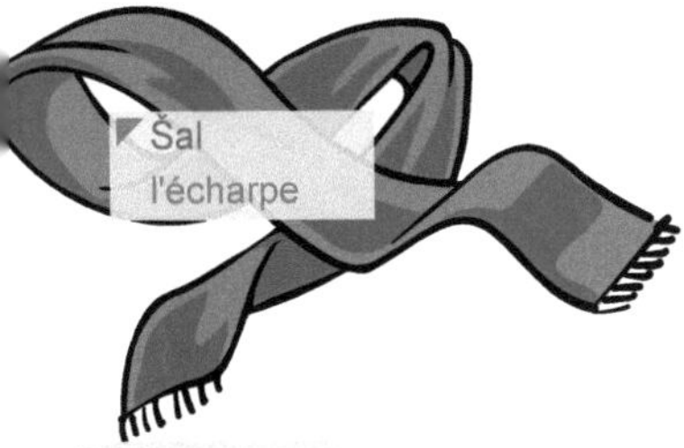

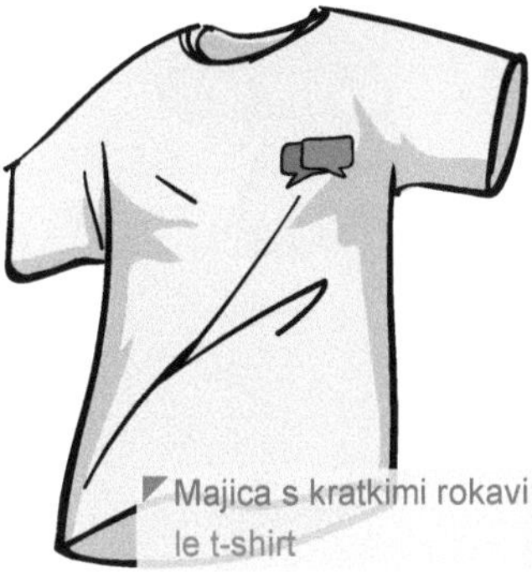

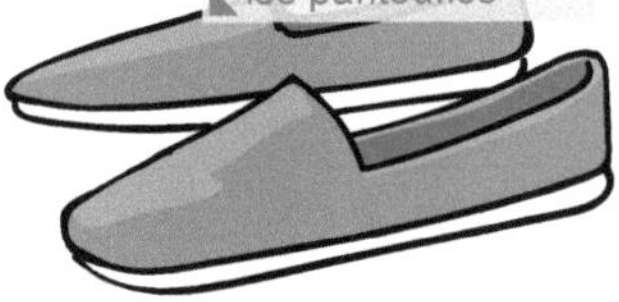

Šal
l'écharpe

Dežnik
le parapluie

Majica s kratkimi rokavi
le t-shirt

Pas
la ceinture

Škornji
les bottes

Copati
les pantoufles

Športni copati
les baskets

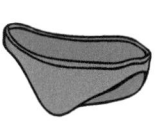

Sandali

les sandales

Čevlji

les chaussures

Gumijasti škornji

les bottes de caoutchouc

Spodnje hlače

les sous-vêtements

Modrček

le soutien-gorge

Telovnik

le maillot de corps

Bodi

le body

Hlače

le pantalon

Kavbojke

le jean

Krilo

la jupe

Bluza

le chemisier

Srajca

la chemise

Pulover

le pull

Pletena jopica

le sweat à capuche

Jopa

la veste

Jakna

la veste

Plašč

le manteau

Dežni plašč

l'imperméable

Kostim

le costume

Obleka

la robe

Poročna obleka

la robe de mariée

Obleka
le costume

Spalna srajca
la chemise de nuit

Pižama
le pyjama

Sari
le sari

Naglavna ruta
le foulard

Turban
le turban

Burka
la burqa

Kaftan
le caftan

Abaja
l'abaya

Kopalke
le maillot de bain

Kopalne hlače
le maillot de bain

Kratke hlače
le short

Trenirka
la tenue d'entraînement

Predpasnik
le tablier

Rokavice
les gants

Gumb

le bouton

Očala

les lunettes

Zapestnica

le bracelet

Verižica

le collier

Prstan

la bague

Uhan

la boucle d'oreille

Kapa

le bonnet

Obešalnik

le cintre

Klobuk

le chapeau

Kravata

la cravate

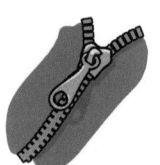

Zadrga

la fermeture éclair

Čelada

le casque

Naramnice

les bretelles

Šolska uniforma

l'uniforme scolaire

Uniforma

l'uniforme

Slinček

le bavoir

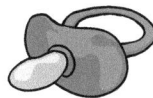

Duda

la sucette

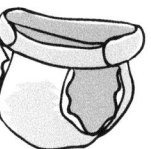

Plenica

la lange

Pisarna
le bureau

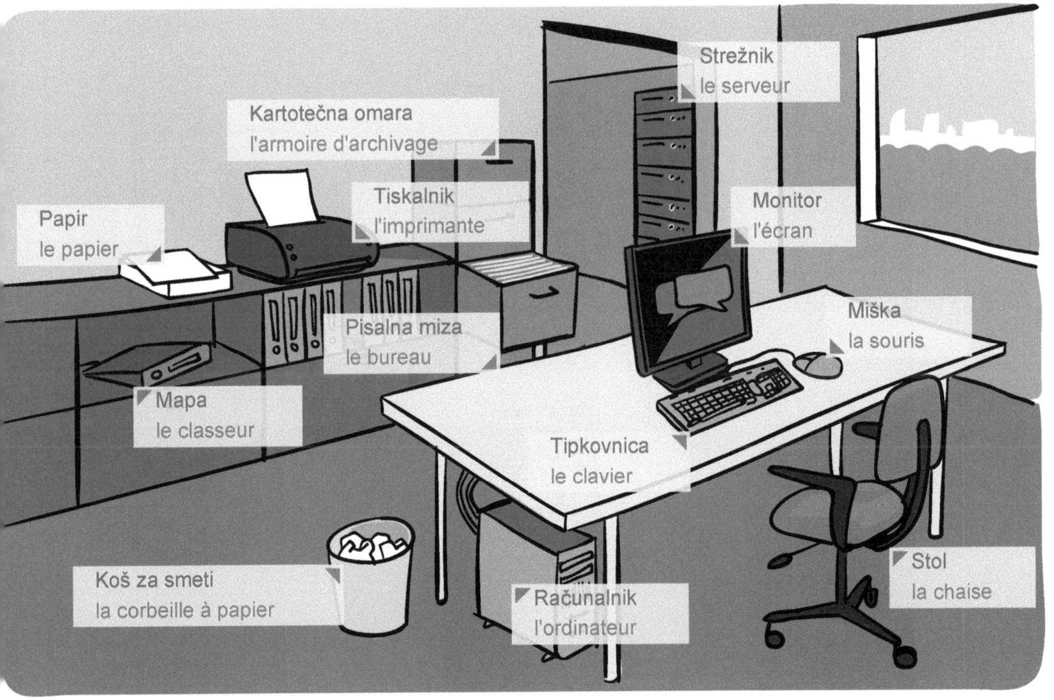

Strežnik
le serveur

Kartotečna omara
l'armoire d'archivage

Tiskalnik
l'imprimante

Monitor
l'écran

Papir
le papier

Miška
la souris

Pisalna miza
le bureau

Mapa
le classeur

Tipkovnica
le clavier

Koš za smeti
la corbeille à papier

Stol
la chaise

Računalnik
l'ordinateur

Lonček za kavo

la tasse de café

Kalkulator

la calculatrice

Internet

l'internet

Prenosnik

l'ordinateur portable

Pismo

la lettre

Sporočilo

le message

Mobilnik

le portable

Omrežje

le réseau

Kopirni stroj

la photocopieuse

Programska oprema

le logiciel

Telefon

le téléphone

Vtičnica

la prise

Telefaks

le fax

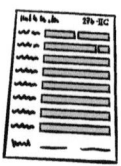

Obrazec

le formulaire

Dokument

le document

Kupiti

acheter

Plaćati

payer

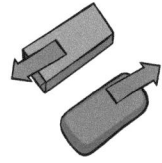

Trgovati

faire du commerce

Denar

la monnaie

Dolar

le dollar

Evro

l'euro

Jen

le yen

Rubelj

le rouble

Švičarski frank

le franc suisse

Kitajski juan renminbi

le renminbi yuan

Rupija

la roupie

Bankomat

le distributeur automatique

Menjalnica

le bureau de change

Zlato

l'or

Srebro

l'argent

Nafta

le pétrole

Energija

l'énergie

Cena

le prix

Pogodba

le contrat

Davek

la taxe

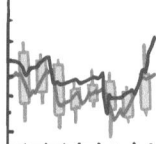

Delnice

l'action

Delati

travailler

Delojemalec

l'employé

Delodajalec

l'employeur

Tovarna

l'usine

Trgovina

le magasin

Poklici
les professions

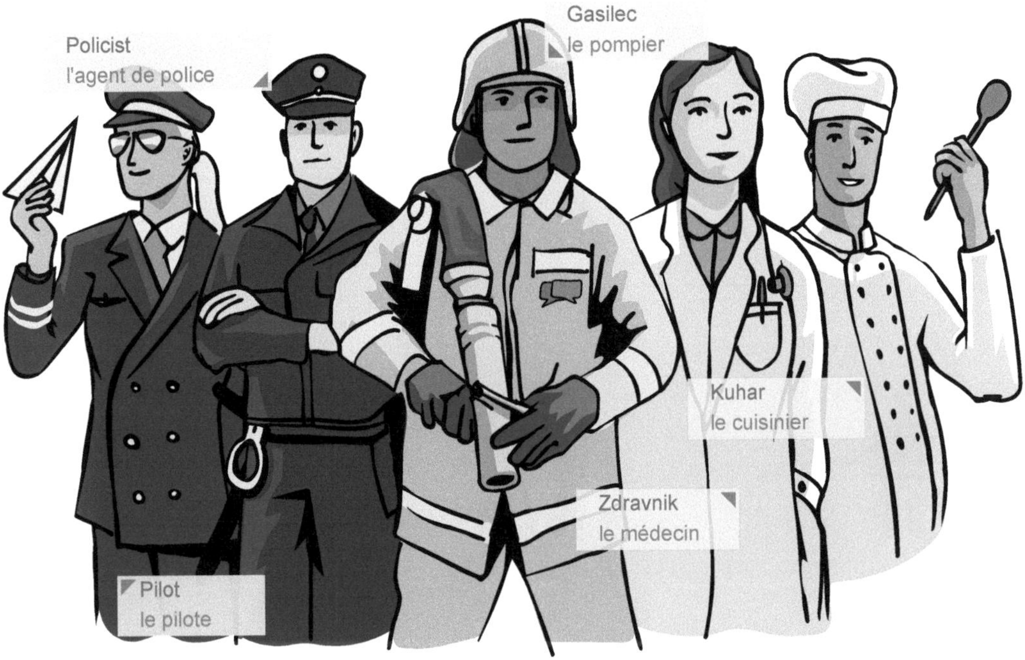
Policist
l'agent de police
Gasilec
le pompier
Kuhar
le cuisinier
Zdravnik
le médecin
Pilot
le pilote

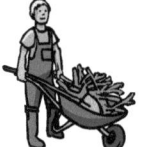

Vrtnar
....
le jardinier

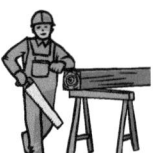

Mizar
....
le menuisier

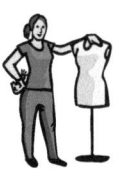

Šivilja
....
la couturière

Sodnik
....
le juge

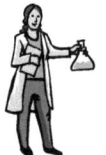

Kemik
....
le chimiste

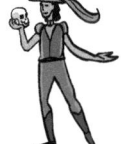

Igralec
....
l'acteur

Voznik avtobusa

le conducteur de bus

Taksist

le chauffeur de taxi

Ribič

le pêcheur

Čistilka

la femme de ménage

Krovec

le couvreur

Natakar

le serveur

Lovec

le chasseur

Pleskar

le peintre

Pek

le boulanger

Električar

l'électricien

Gradbenik

l'ouvrier

Inženir

l'ingénieur

Mesar

le boucher

Vodovodni inštalater

le plombier

Poštar

le facteur

Vojak

le soldat

Arhitekt

l'architecte

Blagajnik

le caissier

Cvetličar

le fleuriste

Frizer

le coiffeur

Sprevodnik

le contrôleur

Mehanik

le mécanicien

Kapitan

le capitaine

Zobozdravnik

le dentiste

Znanstvenik

le scientifique

Rabin

le rabbin

Imam

l'imam

Menih

le moine

Duhovnik

le prêtre

Orodje

les outils

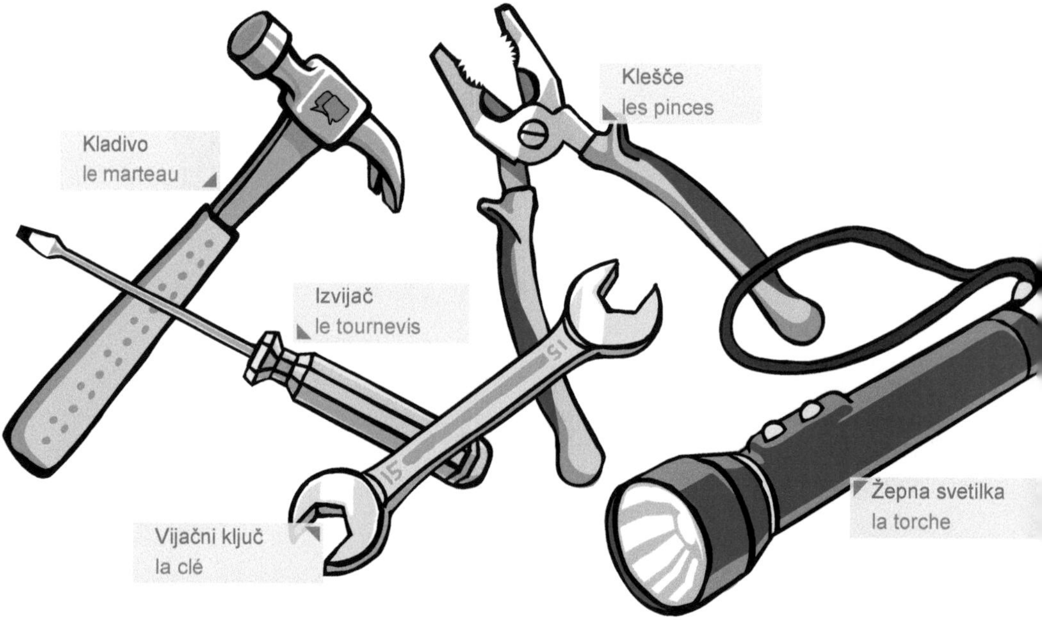

Kladivo
le marteau
Klešče
les pinces
Izvijač
le tournevis
Vijačni ključ
la clé
Žepna svetilka
la torche

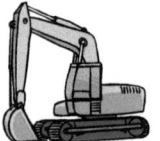

Bager

la pelleteuse

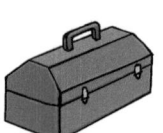

Zaboj z orodjem

la boîte à outils

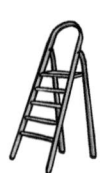

Lestev

l'échelle

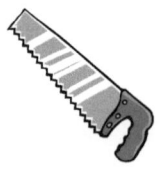

Žaga

la scie

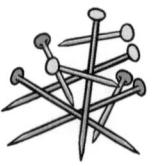

Žeblji

les clous

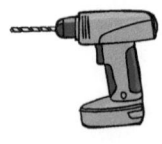

Vrtalnik

la perceuse

Popraviti

réparer

Lopata

la pelle

Šment!

Mince !

Smetišnica

la pelle

Posoda z barvo

le pot de peinture

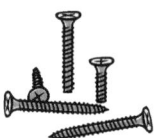

Vijaki

les vis

Glasbeni instrument

les instruments de musique

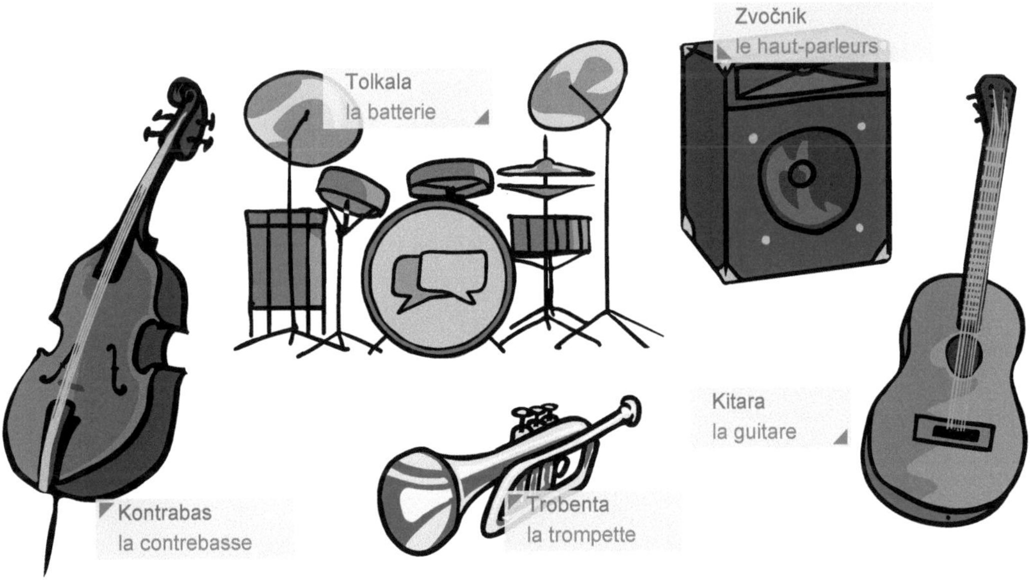

Tolkala
la batterie

Zvočnik
le haut-parleurs

Kitara
la guitare

Kontrabas
la contrebasse

Trobenta
la trompette

Klavir

le piano

Violina

le violon

Bas kitara

la basse

Pavke

les timbales

Bobni

le tambour

Sintetizator

le piano électrique

Saksofon

le saxophone

Flavta

la flûte

Mikrofon

le microphone

Živalski vrt

le zoo

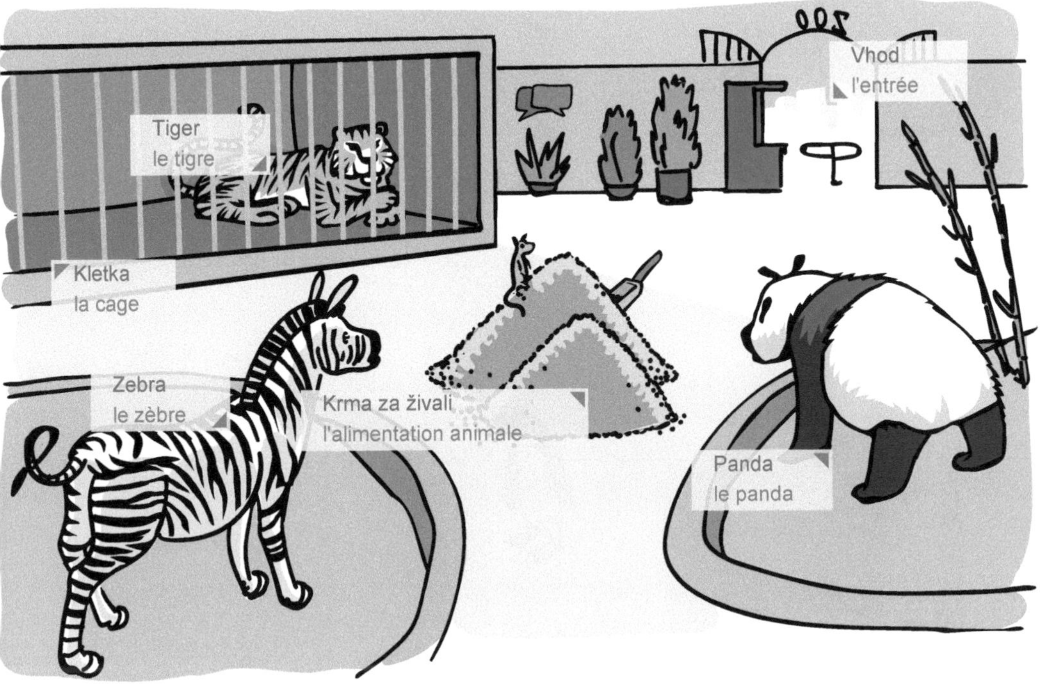
Vhod
l'entrée
Tiger
le tigre
Kletka
la cage
Zebra
le zèbre
Krma za živali
l'alimentation animale
Panda
le panda

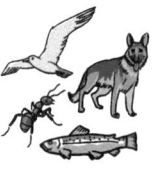

Živali

les animaux

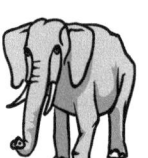

Slon

l'éléphant

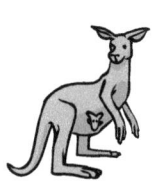

Kenguru

le kangourou

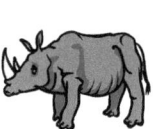

Nosorog

le rhinocéros

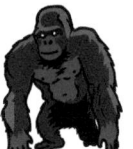

Gorila

le gorille

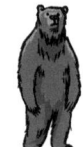

Medved

l'ours

Kamela

le chameau

Noj

l'autruche

Lev

le lion

Opica

le singe

Plamenec

le flamand rose

Papagaj

le perroquet

Severni medved

l'ours polaire

Pingvin

le pingouin

Morski pes

le requin

Pav

le paon

Kača

le serpent

Krokodil

le crocodile

Oskrbnik v živalskem vrtu

le gardien de zoo

Tjulenj

le phoque

Jaguar

le jaguar

Poni

le poney

Leopard

le léopard

Povodni konj

l'hippopotame

Žirafa

la girafe

Orel

l'aigle

Divji prašič

le sanglier

Riba

le poisson

Želva

la tortue

Mrož

le morse

Lisica

le renard

Gazela

la gazelle

Šport

les sports

Ameriški nogomet
l'american Football

Kolesarjenje
le cyclisme

Tenis
le tennis

Košarka
le basket-ball

Plavanje
la natation

Boks
la boxe

Hokej
le hockey sur glace

Nogomet
le football

Badminton
le badminton

Atletika
l'athlétisme

Rokomet
le handball

Smučanje
le ski

Polo
le polo

Dejavnosti
les activités

Smejati se
rire
Skočiti
sauter
Objeti
embrasser
Hoditi
marcher
Peti
chanter
Sanjati
rêver
Moliti
prier
Poljubiti
faire la bise

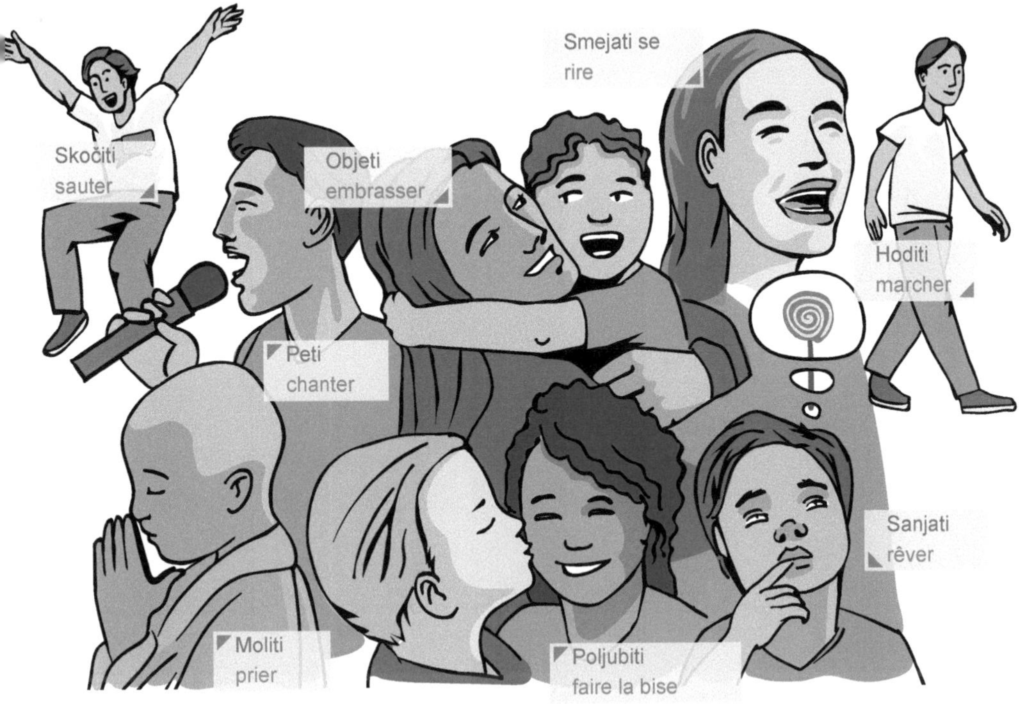

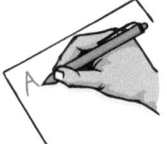

Pisati

écrire

Risati

dessiner

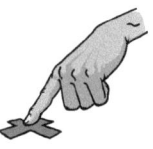

Pokazati

montrer

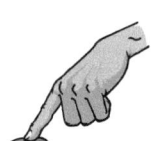

Potisniti

pousser

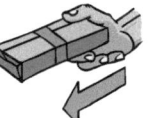

Dati

donner

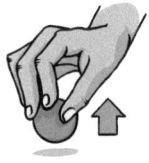

Vzeti

prendre

Imeti

avoir

Narediti

faire

Biti

être

Stati

être debout

Teči

courir

Vleči

trier

Vreči

jeter

Pasti

tomber

Ležati

être couché

Čakati

attendre

Nositi

porter

Sedeti

être assis

Obleči se

s'habiller

Spati

dormir

Zbuditi se

se réveiller

Gledati

regarder

Jokati

pleurer

Božati

caresser

Česati se

peigner

Govoriti

parler

Razumeti

comprendre

Vprašati

demander

Poslušati

écouter

Piti

boire

Jesti

manger

Pospraviti

ranger

Ljubiti

aimer

Kuhati

cuire

Voziti

conduire

Leteti

voler

Jadrati

faire de la voile

Računanje

calculer

Brati

lire

Učiti se

apprendre

Delati

travailler

Poročiti se

se marier

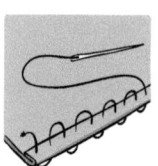

Šivati

coudre

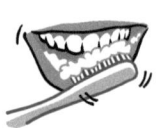

Ščetkati si zobe

brosser les dents

Ubiti

tuer

Kaditi

fumer

Poslati

envoyer

Družina
la famille

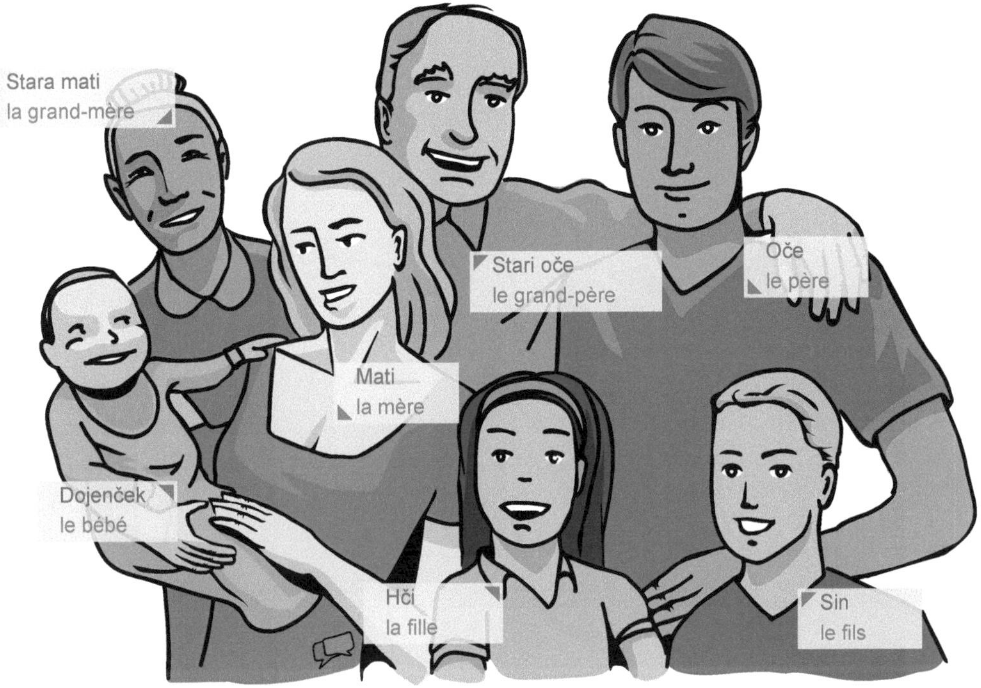
Stara mati
la grand-mère
Stari oče
le grand-père
Oče
le père
Mati
la mère
Dojenček
le bébé
Hči
la fille
Sin
le fils

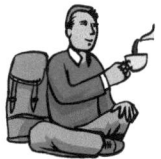

Gost

l'hôte

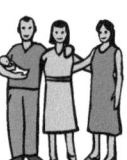

Teta

la tante

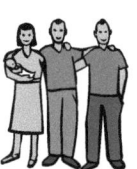

Stric

l'oncle

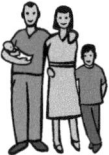

Brat

le frère

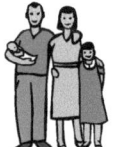

Sestra

la sœur

Telo
le corps

Čelo
le front
Oko
l'œil
Rama
l'épaule
Prst
le doigt
Obraz
le visage
Brada
le menton
Dlan
la main
Noga
la jambe
Prsi
la poitrine
Roka
le bras

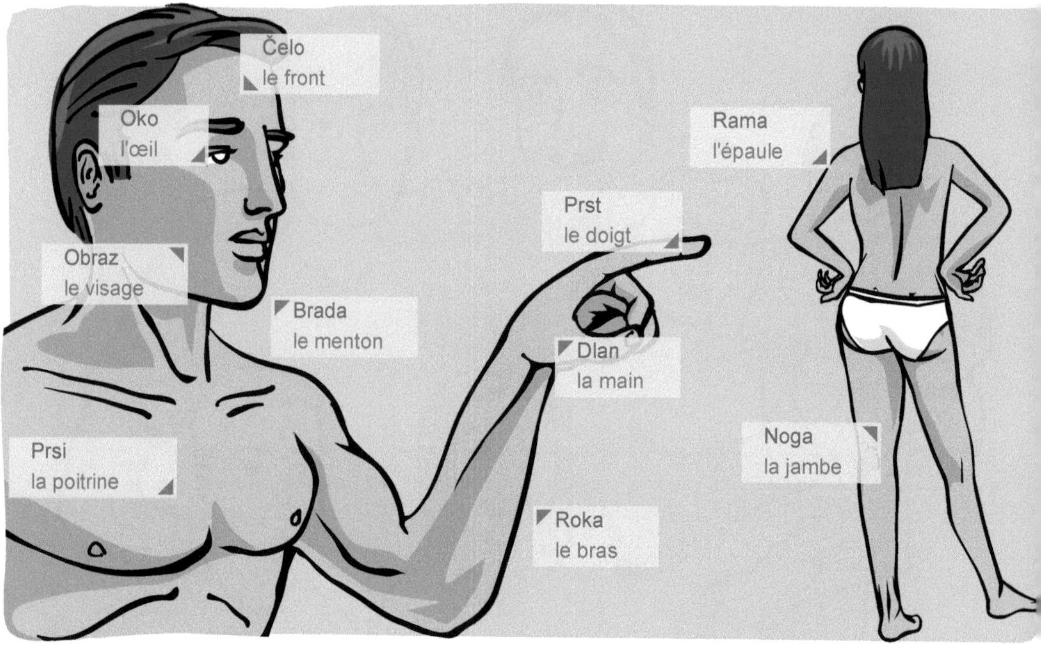

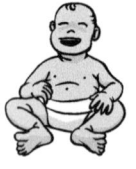

Dojenček

le bébé

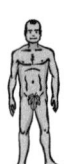

Človek

l'homme

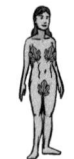

Ženska

la femme

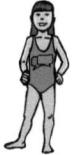

Dekle

la fille

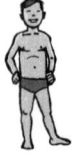

Fant

le garçon

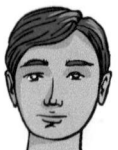

Glava

la tête

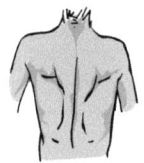

Hrbet

le dos

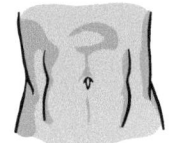

Trebuh

le ventre

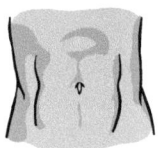

Popek

le nombril

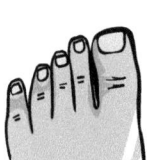

Prst na nogi

l'orteil

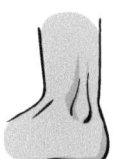

Peta

le talon

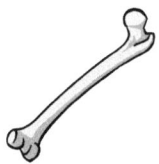

Kost

l'os

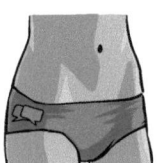

Kolk

la hanche

Koleno

le genou

Komolec

le coude

Nos

le nez

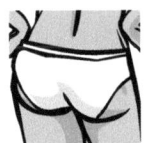

Zadnjica

les fesses

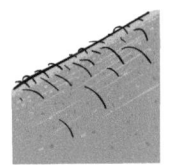

Koža

la peau

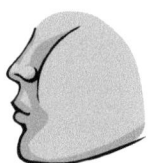

Lice

la joue

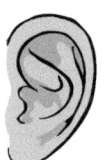

Uho

l'oreille

Ustnica

la lèvre

Usta

la bouche

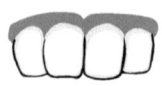

Zob

la dent

Jezik

la langue

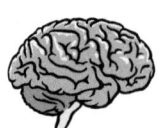

Možgani

le cerveau

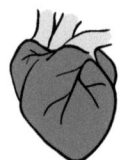

Srce

le cœur

Mišica

le muscle

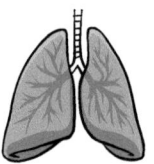

Pljuča

les poumons

Jetra

le foie

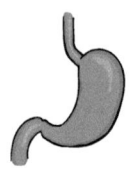

Želodec

l'estomac

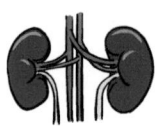

Ledvice

les reins

Spolni odnos

le rapport sexuel

Kondom

le préservatif

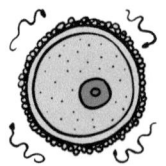

Jajčece

l'ovule

Semenska tekočina

le sperme

Nosečnost

la grossesse

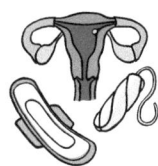

Menstruacija

la menstruation

Vagina

le vagin

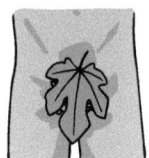

Penis

le pénis

Obrv

le sourcil

Lasje

les cheveux

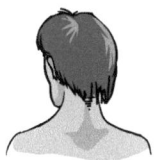

Vrat

le cou

Bolnišnica
l'hôpital

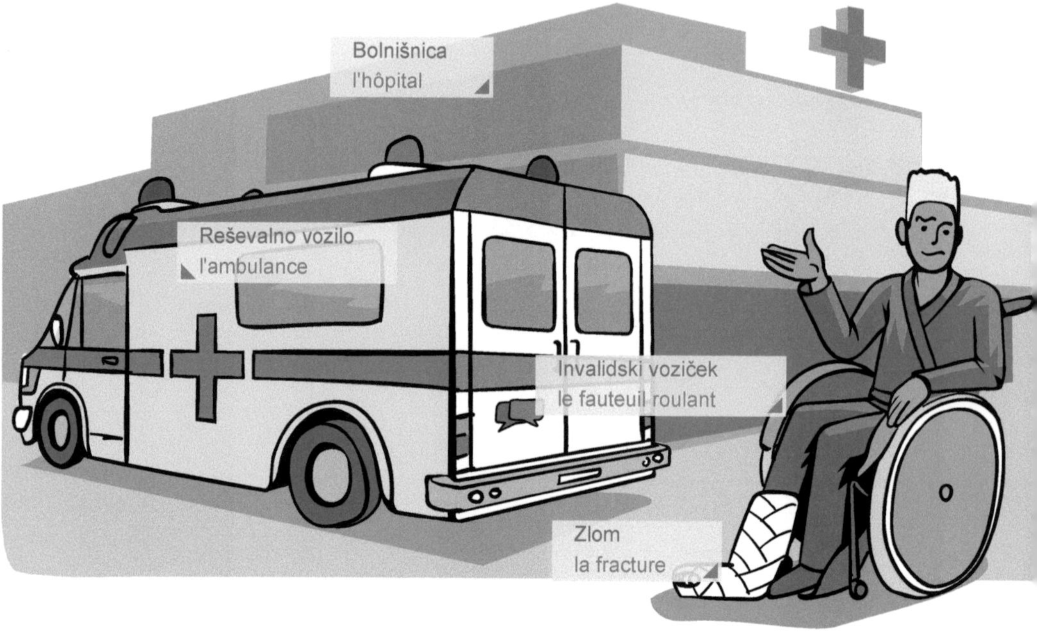

Bolnišnica
l'hôpital
Reševalno vozilo
l'ambulance
Invalidski voziček
le fauteuil roulant
Zlom
la fracture

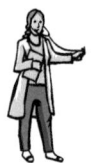

Zdravnik

le médecin

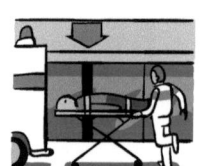

Urgenca

le service des urgences

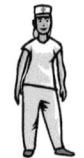

Medicinska sestra

l'infirmière

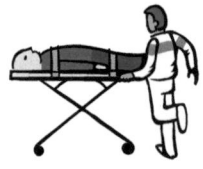

Nujni primer

l'urgence

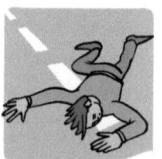

Nezavesten

inconscient

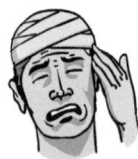

Bolečina

la douleur

Poškodba

la blessure

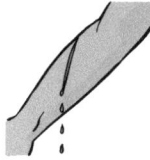

Krvavenje

l'hémorragie

Srčni infarkt

la crise cardiaque

Kap

l'attaque cérébrale

Alergija

l'allergie

Kašelj

la toux

Vročina

la fièvre

Gripa

la grippe

Driska

la diarrhée

Glavobol

le mal de tête

Rak

le cancer

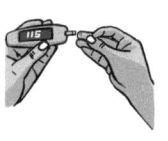

Sladkorna bolezen

le diabète

Kirurg

le chirurgien

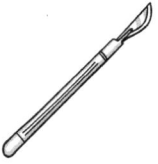

Skalpel

le scalpel

Operacija

l'opération

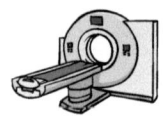

CT
le CT

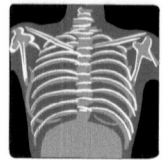

Rentgen
la radiographie

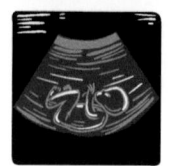

Ultrazvok
l'échographie

Obrazna maska
le masque

Bolezen
la maladie

Čakalnica
la salle d'attente

Bergla
la béquille

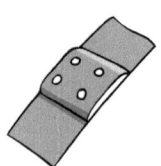

Obliž
le pansement

Preveza
le pansement

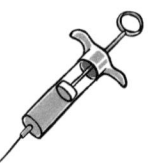

Injekcija
l'injection

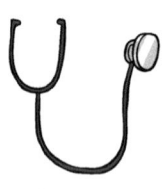

Stetoskop
le stéthoscope

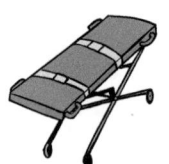

Nosila
le brancard

Klinični termometer
le thermomètre

Porod
l'accouchement

Prekomerna teža
la surcharge pondérale

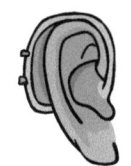

Slušni pripomoček

l'appareil auditif

Razkužilo

le désinfectant

Okužba

l'infection

Virus

le virus

HIV / AIDS

le VIH / le sida

Medicina

le médicament

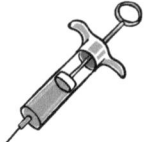

Cepljenje

la vaccination

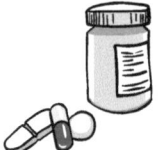

Tablete

les comprimés

Tableta

la pilule

Klic v sili

l'appel d'urgence

Merilnik krvnega tlaka

le tensiomètre

bolano / zdravo

malade / sain

Na pomoč!

Au secours !

Alarm

l'alarme

Napad

l'assaut

Napad

l'attaque

Nevarnost

le danger

Izhod v sili

la sortie de secours

Gori!

Au feu!

Gasilni aparat

l'extincteur

Nezgoda

l'accident

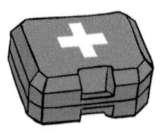

Komplet za prvo pomoč

la trousse de premier
secours

SOS

SOS

Policija

la police

Evropa

l'Europe

Severna Amerika

l'Amérique du Nord

Južna Amerika

l'Amérique du Sud

Afrika

l'Afrique

Azija

l'Asie

Avstralija

l'Australie

Atlantski ocean

l'Océan atlantique

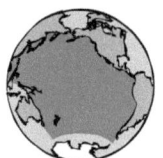

Tihi ocean

l'Océan pacifique

Indijski ocean

l'Océan indien

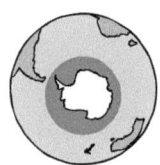

Južni ocean

l'Océan antarctique

Arktični ocean

l'Océan arctique

Severni tečaj

le Pôle nord

Južni tečaj

le Pôle sud

Antarktika

l'Antarctique

Zemlja

la terre

Kopno

le pays

Morje

la mer

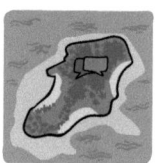

Otok

l'île

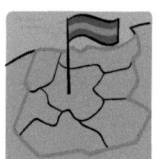

Narod

la nation

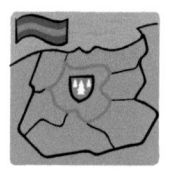

Država

l'état

Številčnica

le cadran

Urni kazalec

l'aiguille des heures

Minutni kazalec

l'aiguille des minutes

Sekundni kazalec

l'aiguille des secondes

Koliko je ura?

Quelle heure est-il ?

Dan

le jour

Čas

le temps

Zdaj

maintenant

Digitalna ura

la montre digitale

Minuta

la minute

Ura

l'heure

Teden
la semaine

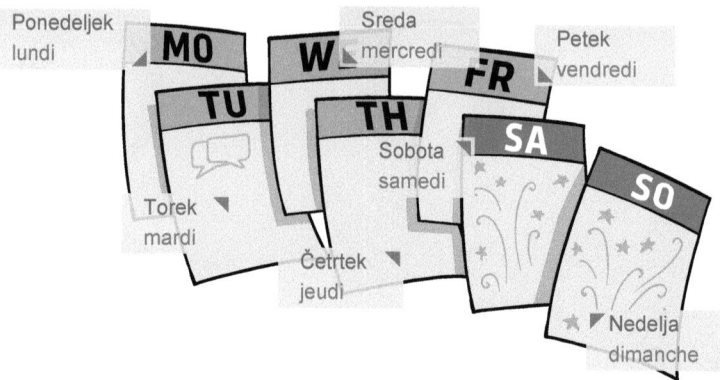

Ponedeljek
lundi

Sreda
mercredi

Petek
vendredi

Torek
mardi

Četrtek
jeudi

Sobota
samedi

Nedelja
dimanche

Včeraj

hier

Danes

aujourd'hui

Jutri

demain

Jutro

le matin

Poldne

le midi

Večer

le soir

Delovni dnevi

les jours ouvrables

Konec tedna

le week-end

Leto
l'année

Mavrica
l'arc-en-ciel
Dež
la pluie
Sneg
la neige
Veter
le vent
Pomlad
le printemps
Jesen
l'automne
Poletje
l'été
Zima
l'hiver

4.APRIL 11°
5.APRIL 4°
6.APRIL 13°
7.APRIL 8°
8.APRIL 10°

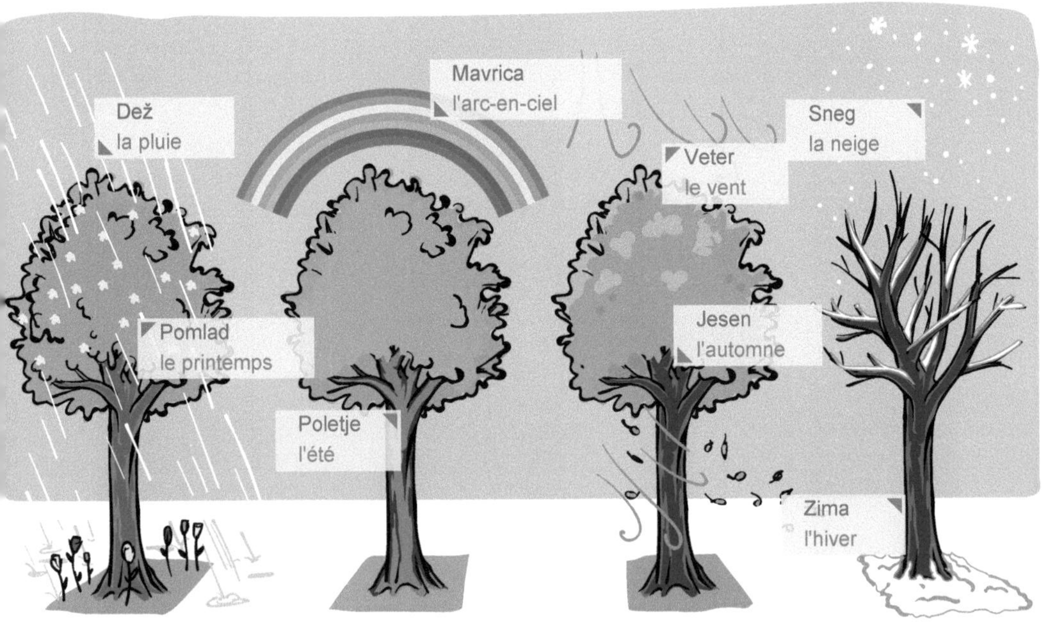

Vremenska napoved

la météo

F C
120 40
90 30
60 20
30 10
0 0
-30 -10
-20

Termometer

le thermomètre

Sončna svetloba

la lumière du soleil

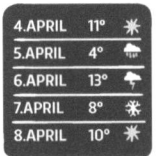

Oblak

le nuage

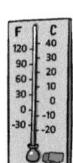

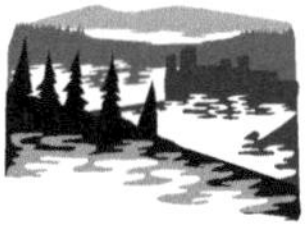

Megla

le brouillard

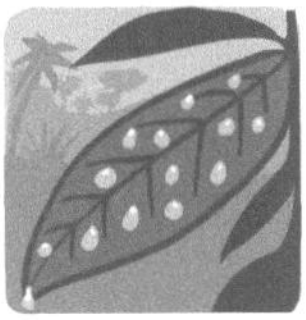

Vlažnost

l'humidité

Strela

la foudre

Grom

la tonnerre

Nevihta

la tempête

Toča

la grêle

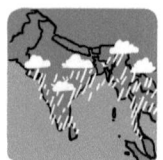

Monsun

la mousson

Poplava

l'inondation

Led

la glace

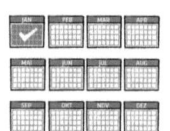

Januar

janvier

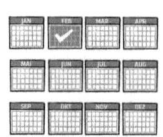

Februar

février

Marec

mars

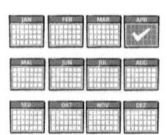

April

avril

Maj

mai

Junij

juin

Julij

juillet

Avgust

août

September
....
septembre

Oktober
....
octobre

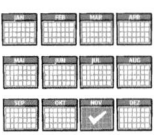

November
....
novembre

December
....
décembre

Krogla
....
le cercle

Kvadrat
....
le carré

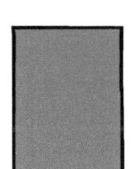

Pravokotnik
....
le rectangle

Trikotnik
....
le triangle

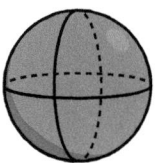

Krogla
....
la sphère

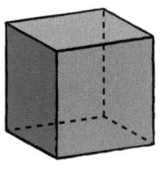

Kocka
....
le cube

Bela

blanc

Rumena

jaune

Oranžna

orange

Rožnata

rose

Rdeča

rouge

Vijolična

violet

Modra

bleu

Zelena

vert

Rjava

marron

Siva

gris

Črna

noir

veliko / malo

beaucoup / peu

jezno / umirjeno

fâché / calme

lepo / grdo

joli / laid

začetek / konec

le début / la fin

veliko / majhno

grand / petit

svetlo / temno

clair / obscure

brat / sestra

frère / soeur

čisto / umazano

propre / sale

popolno / nepopolno

complet / incomplet

dan / noč

le jour / la nuit

mrtvo / živo

mort / vivant

široko / ozko

large / étroit

užitno / neužitno

comestible / incomestible

zlobno / prijazno

méchant / gentil

vznemirjeno / zdolgočaseno

excité / ennuyé

debelo / vitko

gros / mince

prvo / zadnje

le premier / le dernier

prijatelj / sovražnik

l'ami / l'ennemi

polno / prazno

plein / vide

trdo / mehko

dur / souple

težko / lahko

lourd / léger

lakota / žeja

faim / soif

bolano / zdravo

malade / sain

nezakonito / zakonito

illégal / légal

pametno / neumno

intelligent / stupide

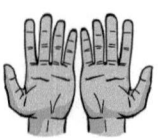

levo / desno

gauche / droite

blizu / daleč

proche / loin

novo / rabljeno
....
nouveau / usé

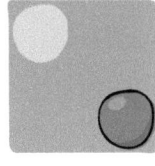

nič / nekaj
....
rien / quelque chose

staro / mlado
....
vieux / jeune

vklopljeno / izklopljeno
....
marche / arrêt

odprto / zaprto
....
ouvert / fermé

tiho / glasno
....
faible / fort

bogato / revno
....
riche / pauvre

prav / narobe
....
correct / incorrect

grobo / gladko
....
rugueux / lisse

žalostno / veselo
....
triste / heureux

kratko / dolgo
....
court / long

počasi / hitro
....
lent / rapide

mokro / suho
....
mouillé / sec

toplo / hladno
....
chaud / froid

vojna / mir
....
la guerre / la paix

Nasprotja - les oppositions

0	**1**	**2**
Ničla	Ena	Dva
zéro	un / une	deux

3	**4**	**5**
Tri	Štiri	Pet
trois	quatre	cinq

6	**7**	**8**
Šest	Sedem	Osem
six	sept	huit

9	**10**	**11**
Devet	Deset	Enajst
neuf	dix	onze

12

Dvanajst

douze

13

Trinajst

treize

14

Štirinajst

quatorze

15

Petnajst

quinze

16

Šestnajst

seize

17

Sedemnajst

dix-sept

18

Osemnajst

dix-huit

19

Devetnajst

dix-neuf

20

Dvajset

vingt

100

Sto

cent

1.000

Tisoč

mille

1.000.000

Milijon

le million

Angleščina

l'anglais

Ameriška angleščina

l'anglais américain

Mandarinščina

le chinois mandarin

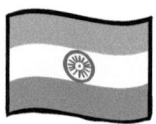

Hindujščina

le hindi

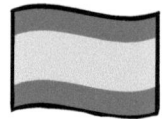

Španščina

l'espagnol

Francoščina

le français

Arabščina

l'arabe

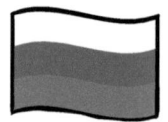

Ruščina

le russe

Portugalščina

le portugais

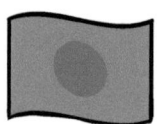

Bengalščina

le bengali

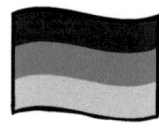

Nemščina

l'allemand

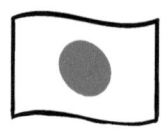

Japonščina

le japonais

Jaz

je

Ti

tu

On / ona / tisto

il / elle / ce, c', cela

Mi

nous

Vi

vous

Oni

ils / elles

Kdo?

Qui ?

Kaj?

Quoi ?

Kako?

Comment ?

Kje?

Où ?

Kdaj?

Quand ?

Ime

le nom

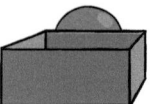

Zadaj

derrière

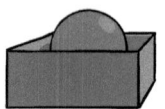

V

dans

Pred

devant

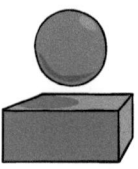

Nad

au-dessus

Na

sur

Pod

en-dessous

Poleg

à côté de

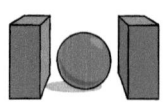

Med

entre

Kraj

le lieu